私のふたり暮らし

岡本敬子

光文社

はじめに

いつ何時でも一緒にいてずっと仲が良い夫婦だよね？
いったいその秘訣は何なの？
と友人知人たちからたずねられることが多いのですが
私たちは特別意識したことはなく
これがあたりまえのように毎日過ごしています。

ただ、夫婦だから察してねとか
私がこれをしてあげたのだからあなたもこうしてね
という期待などはお互いこれっぽっちもありません。

私たちは夫婦という形をとりましたが
違う環境で育ち違うものを見て考えてきた他人なので
好きなものが違ってあたりまえということを
いつも認識しているからです。

全く違うふたりがどう過ごしてきたのかを
面白おかしく見ていただけたら幸いです。

岡本敬子　おかもとけいこ

服飾ディレクター

1963年水戸生まれ、東京育ち。
文化服装学院スタイリスト科卒業。その後、スタイリストオフィスに入社。
1985年には大手アパレルのPR部門に転職し、国内外のブランドのPRを担当する。
1989年6月3日、岡本仁と結婚。
2008年頃にアタッシュ・ドゥ・プレスとして独立してからは、様々なブランドのPRをはじめとしたファッション業界で活躍。
ブランドやショップとのコラボレーションも行っており、2016年から、オーガニックコットンのウエアブランドであるnanadecorにて、自身の名前を冠した企画〈KO by nanadecor〉を展開。
2024年からは本格的にKOとしてのラインの展開を始める。
2017年から、千駄ヶ谷にあるセレクトショップ〈Pili〉のディレクションも手掛ける。
座右の銘は「SUN&FUN」。好きな季節は夏。
ニックネームはカミさん。

岡本 仁　おかもとひとし

編集者

1954年北海道生まれ。
1973年に大学入学を機に上京。卒業後は地元北海道のテレビ局に就職。
1980年に再上京し、1982年にマガジンハウスに転職。「ELLE JAPON」の編集部から編集者としての人生がスタートする。
「BRUTUS」「Tarzan」「Gulliver」編集部を経て、1998年には、2000年代のカルチャーシーンを象徴する雑誌「relax」の編集長に就任。その後も「BRUTUS」「ku:nel」で編集者として活躍する。
2009年にマガジンハウスを退社し、ランドスケーププロダクツに所属。
2021年に鹿児島県の〈霧島アートの森〉で初の個展「岡本仁が考える　楽しい編集って何だ?」を開催。
現在は鹿児島と東京の2拠点生活にとどまらず、日本全国の様々な都市に訪れ、新しい場づくりや人と人との繋がりの形を考え続けている。
ニックネームは熊五郎。

目次

はじめに　**2**

プロフィール　**4**

Chapter 1　ふたりの日常　**8**

KEIKO'S PHOTO_TOKYO PLACE　行きつけの店　**23**

Column_Vol. 01　私たちが結婚をするまでのこと　**24**

Chapter 2　ふたりのモノ　**28**

漆器のボウル／マグカップ／こけし／マラサダベイビー／トーテムポール／セワポロロ／掛井五郎さんの紙彫刻／エルメスのスカーフ／スニーカー／旅のお供のポケットラジオ／山と道のサコッシュ／オードムーゲ＆ボディローション／メモ帳とボールペン／バッグに入っている本／OSOIのショルダーバッグ／布のトートバッグ／アンパンマンのパン／〈瑞穂〉の豆大福／〈フッセン〉のピラミッドケーキ

KEIKO'S PHOTO_SHARED FAVORITE　ふたりで共用しているもの　**46**

Column_Vol. 02　初めて一緒に住んだのは完璧な街だった田園調布　**48**

Chapter 3　私たちにまつわる8つの事柄　**54**

コーヒー／眼鏡／東京／仕事／友達／故郷（家族）／老い／愛

Column_Vol. 03　いまの自分たちの軸を作った10年間の鎌倉暮らし　**70**

Chapter 4　ふたりの旅　74

Column_Vol. 04
たくさん旅に出かけ、その経験がふたりの価値観の基に　84

KEIKO'S PHOTO

_TRIP FOR AMERICA　アメリカ・西海岸への旅記録　87

_TRIP FOR THAILAND　タイ・チェンマイへの旅記録　88

_TRIP IN JAPAN　国内各地への旅記録　90

50の質問　92

Column_Vol. 05
東京−鹿児島の2拠点生活。そして旅というふたりの時間　98

KEIKO'S PHOTO_LIFE IN KAGOSHIMA　鹿児島での暮らし　102

mix tape for man in café　104

おわりに　105

Chapter 1

ふたりの日常

いつもふたりでいるように思われがちですが、出張や旅以外の時は
それぞれの仕事や予定があるので意外と一緒にいないという岡本夫婦。
朝の散歩と夕食はできる限り一緒に過ごし、日中は別行動です。
「お互いにひとりの時間が必要で大事。特別なことをするわけではなく、
ただひとりで過ごす時間をそれぞれ大切にしています」と敬子さん。
散歩から始まるふたりそれぞれの1日を覗いてみました。

7:00

1日のスタートは朝の散歩から。

「真夏は4時半くらいに起きて5時台には歩いています。秋冬は7時過ぎくらいに、レギンス、スニーカー、キャップスタイルで散歩へ。芝生が広がっている場所ではラジオ体操をする人もいたり。ベンチがあれば、そこで水分補給しています」（敬子）

「コロナ禍に旅ができなくなったから近所を歩いてみたら思いの外気持ちよかったので、晴れの日は出かけるように。最近のぼくはめっきり東京が苦手なので人が多すぎて億劫になり、散歩頻度は減りました。鹿児島では変わらず朝散歩へ」（仁）

good morning!

9:00

HORAIYAに立ち寄って、朝ごはん。

「今日は歩き足りないなぁと感じた時、HORAIYAに立ち寄ります。そこから自宅まで歩くとちょうど8,000歩くらい。1日の歩数を毎日確認していて、基本は8,000歩、結構歩いたなぁと感じる時は1万5,000歩くらいです。HORAIYAはつい行きたくなる絶妙な空気感のお店。冬はホットジンジャーエール、夏はアイスジンジャーエールを頼むことが多く、柑橘系ソーダもおすすめ」（敬子）

「開店時間が早まってからよく行くようになりました。具材に切り干し大根を上手に使っていたりするところが気に入っていて、気持ちのいい店。基本はコーヒー、暑い日はジンジャーエール。ぼくはバゲットサンドイッチ、カミさんは食パンのサンドイッチを選ぶことが多いです」（仁）

11:00

午前中は KANEMAN で打ち合わせ。

「散歩後に帰宅してお風呂に入り、すぐに仕事へ。私の仕事は朝にアポイントが多く、17時までには終わることがほとんど。KANEMAN プレスの三好さんとの出会いは文化服装学院時代のことなので、もう40年以上のお付き合いに！ 仕事をご一緒して10年以上経ちます。外部PRとしてお手伝いしていましたが、いまはコラボラインにも携わったりと仕事が広がってきています」

趣味が合う COW BOOKS で本とコーヒー。

「m&co. booksellersという名前で始まった頃から通っています。本のセレクトだけが理由ではなく、実はコーヒーが美味しいので、時々それを目当てに行くことも。中央のテーブルでコーヒーを飲み、ちょっと本棚を見て、欲しい本があったら席で読んで買うか吟味。置いてある本が自分の趣味に近く、欲しい本にはだいたい出会えるんです。あとは、欲しい気持ちと値段が自分の中でマッチしたら購入を」

13:00

定期的に通うAPOCのパンケーキランチ。

「オーナーの雅子さんは姉御肌で頼りになる方。気がつくといつの間にかもう長いお付き合いに。顔が見たくなって定期的に通ってしまう場所です。ミントティーのミントが生のものだったり、素材からいいものを使っているので、大きなパンケーキでも全く胃もたれすることはありません。距離感やお店の雰囲気も心地よく、こういうお店がずっと存在してくれているおかげで息抜きができます」

整体と代官山の寄り道はネパリコ。

「長く通っている整体院がこのあたりに引っ越して以来、整体帰りにはネパリコに寄ってお昼ごはんを食べます。ここが好きな理由は"俺だけが知っている本格的な店"っていう感じを微妙にはずしているところ。以前はライスが白米だけだったりして。ぼくはそれがいいなぁと思うんです。もちろんちゃんと美味しいですし。整体のタイミング以外では代官山へ歩いて向かう途中に寄ることも」

15:00

憧れていた東京が変わらずここにある。

「東京に憧れて出てきて生活をしていて、その頃から全然変わっていないのは代官山なんです。流行りの街のようで実はそうではなく、ヒルサイドテラスがあることで街全体の雰囲気が保たれているような気がします。ヒルサイドカフェは中が広く、席ごとの距離があり、とても落ち着く場所。ここを目指せば家から25分くらい。歩きながら色々考えたりすると、ちょうどいい散歩に」

大事なひとり時間は
気持ちのいいカフェへ。

「ひとりの時間を作るということがすごく大事。ここに行きたい！というこだわりよりも、仕事場や家から近くて気持ちがいい場所へその日の気分で立ち寄ります。この THINK OF THINGS のカフェのように、ある程度放っておいてもらえて、光が入り、人が多すぎない場所が好きです。ひとり時間には、本を読んだり、ボーッとしたり、SNS を見たり、推しの YouTube を見たりしています（笑）」

17:00

学びの多いnanadecorとの打ち合わせ。

「10年くらいになるnanadecorとのお付き合い。3~4型のコラボラインから始まり、2024年にはKOという名前で個別のサイトがスタート。元々オーガニックコットンを通して女性の生き方を考えるブランドなので社会に対する意識の高さがあり、女性が多い会社なのですが、みんな動きがとてもいい。バランスのいい会社とのチームワークは勉強になります。団体行動は苦手ですが（笑）、チームでの仕事は向いてるんです」

気になる展示があれば
代官山から足をのばす。

「2020年2~4月に中目黒のPOETIC SCAPEで野村浩さんというアーティストの『メランディ』という展示があり、すごく面白くて会期中に2、3回行きました。ジョルジョ・モランディの絵の中に必ず目玉が描き加えられているのですが、とても印象に残っています。それ以来足を運んでいますが、ギャラリーオーナーの柿島さんも面白い方なので、いらっしゃる時はお話をすると楽しいです」

— 19:00

夕食で合流。
遅めの夜はコンカでワインを。

「夕食から就寝まで3~4時間空けたいので、どんどん夕食の時間が早くなっています。19時というのは私たちにとって珍しくかなり遅めの時間。コンカは好きなワインを出してくれて、距離感もちょうど良く、私たちの好みのお店です。その日にあったこと、これからの計画、くだらない話と色々話しますが、今後の話が増えたかもしれません」（敬子）

「移転して新しい場所になったコンカが自分にはすごくフィットしました。19時オープンなので夕食がどんどん早くなっているぼくたちはなかなか行けないのですが。夕食はふたりで行ける時は行きますし、一緒に行けると嬉しいです。仕事に関してはそれぞれが解決すればいいと思っているので、細かい話はあまりしないかもしれません。お互いに『仕事楽しそうだね』と感じ合えていられたらいいな、というところです」(仁)

仕事以外の行動範囲は家から歩けるところ。
また色々話しながら歩いて帰ります。

KEIKO'S PHOTO

TOKYO PLACE
行きつけの店

「新しく開拓するより、気に入ったお店に長く通い続ける私たち。
東京の馴染みのお店たち、これからもよろしくお願いします」

銀座ウエスト

CHEZ RONA

vinmari

Indian Canteen AMI

アヒルストア

室町砂場

ミス・サイゴン

J-COOK

SUGAR Sake & Coffee

Column

私たちが結婚をするまでのこと

vol. 01

――おふたりが出会う前のそれぞれの生活や仕事、恋愛などについてお聞きしたいです。まずは敬子さんにお聞きしますが、仁さんとの出会いと最初の印象は？

敬子「プレスの仕事を始めたばかりの頃、展示会のDMは手書きで書いていて"岡本仁"って文字をすごく覚えていたんです。字面が強いなぁと。だから実際に打ち合わせで会って『あぁこの人があの名前の人ね！』というのが最初の印象です」

――その頃はプレスだったんですね。

敬子「最初の就職はスタイリストオフィス。文化服装学院の同級生だったボーイフレンドと長く付き合っていて、彼と一緒に過ごしながら、毎日夜遅くまで働いていました。仕事はモデルのキャスティング、小道具集めや撮影がメイン。楽しかったのですがあまりにも忙しくて、体調が悪くなったりもして。ファッションの仕事をもっ

としたいと思っていた時、ご縁があってサンエー・インターナショナル（現在はTSIホールディングス）に転職したんです」

――転職後に初めて仁さんに会ったということですか？

敬子「タイアップの撮影で出会ったのですが、いままで私が見てきた人とは全く違うタイプでした。その頃は大人たちと夜な夜な遊んでいたのですが、そういう大人たちともまた違う大人だったんです。でも好みとは全然違うし、もちろん結婚するなんて想像もしていません」

――初対面の頃、仁さんはすでに編集者だったんですね。

仁「ぼくは小学生くらいから自分が生まれた町にいたくなくて、1日も早くそこを出たかった。そういうチャンスって大学進学しかないので、東京の大学を受験し

Column

ました。無事合格し、音楽のサークルに入って出会った女性と卒業と同時に結婚したんです。東京に行きたくて地元を出たのに、その頃、札幌に好きな喫茶店ができてそこに毎日行きたいと、札幌で就職先を探してテレビ局に入りました。でも、ある時その喫茶店の営業形態が変わってしまい、つまらなく感じ始めたんです。パートナーが東京出身だったこともあり、転勤願いを出して東京支社へと移りました。その後色々あり離婚をして、ひとりで東京に住んでいる頃、キオスクで買ったBRUTUSの社員募集広告が目に留まり応募。採用当初は広告部配属でしたが、編集部に行きたいと願いを出してELLE JAPON編集部配属に。カミさんと出会ったのは、その頃です。彼女が新人だった

ので、全員の飲み物を買いに行ったのですが、自分だけミルクティーを買って他の人は全員同じコーヒーだった。自分というものがはっきりある上に、面白い人だなぁと思いました」

——その頃から敬子さんは我が道を行っていたんですね（笑）！
敬子「コーヒーが飲めないですから（笑）。その打ち合わせの時に先輩に『この人みたいなバツイチっていいわよ〜』と紹介されたのよね。彼は『結婚はこりごりなので、二度としません』って答えていた気がします」
仁「そう答えましたし、そう思ってました。でもその後に、自分がいままで同じタイプの女の子を好きになってばかりだから

vol. 01

失敗してきたんじゃないのかな？ 違うタイプの人と付き合ってみたら、意外と面白いことになるのかもしれないと思ったんですよね。それでその時のスタイリストさんに一緒に食事に行きましょうと誘い出してもらったんです」

敬子「そうそう。そうやって食事に行ったりするようになって。ある時『付き合って、その先どうしたいですか？』って聞いたの」

── 急な展開のような気もしますが、仁さんはなんて答えたのでしょう？

仁「その時突然 "結婚" って言葉がポロッと出てきたんです。自分でもびっくりしたんだけど」

敬子「結婚って言葉が出た時に、こっちもびっくりしました。そうなの？ と。お互い沈黙したよね。結婚にこりごりなのも知っていたし、私はまだ若かったし、想像もしていない答えだった」

仁「それが、なぜかね。弾み!?」

敬子「弾みみたいなものもあると思うよ？ 勢いみたいな感じで」

仁「結婚って単語がポンと出てきた時、それをふたりで眺めて『え？ そういうこと？ あぁそういうことなのかな？』と」

敬子「なんで結婚したのかいまだにわからないよね（笑）」

仁「そうだね。最初の結婚の時は、したいという意志があったと思うのですが」

敬子「そんな感じで、私は自分の身辺整理と言いますか、ちゃんとしようと思った

んです。ちょっと落ち着きたかったのもあるのかもしれない。仕事や生活は楽しかったけれど、いろんな激しさに疲れていたんだと思います」

仁「そうかもね。毎晩遅く帰っていて、不健康な生活をしていたものね」

敬子「いま思い返してみると、落ち着ける場所が欲しかったのかもしれないです。出会って半年くらいで結婚って言葉がポンと出て、それから1年弱で結婚したよね。なかなかの賭けだと思います（笑）」

仁「たしかに。でも宝くじは買わないと当たらないので（笑）。どうしたいかと聞かれた時、一緒にいる理由が必要なのかと改めて思ったんです。その時点で、一緒になったら癒されるとかはもちろん思ってはおらず、笑いを提供してくれる人。ぼくの趣味は全否定みたいな感じで、とにかく面白くて。これはぼくの性格なんだけれど、面白いと観察してしまうんです」

敬子「それと、決め手は "家族ポスト" の話じゃなかった？」

仁「そうだね。当時ごはんを食べに行った時、カミさんの実家では "家族ポスト" というものがあって、家族間で不満があればそこにポストして発表していたという話を聞いて、そういう家で育ったんだ、いいなあと思いました」

敬子「"家族ポスト" は私が作ったんです。毎週日曜に発表するのよね」

仁「面白い家で育ったんだな、ちゃんと言葉にするっていいなと感じました」

Chapter 2

ふたりのモノ

ふたりで一緒に使っているモノ。ひとりひとり使っているモノ。
一緒に選んで買ったモノ。プレゼントやお土産で買ったモノ。
それぞれに思い出がある、家のどこかに存在しているモノたちの話。

漆器のボウル

K 漆器は扱いづらいアイテムなのではと思っていたけれど、この器はウチの食卓に登場しない日はないくらい毎日愛用しています。お粥や野菜スープ、そして具沢山味噌汁、適当スンドゥブなど。実はこの器のひと回り大きいサイズも持っていて、夏には冷やしうどん、冬には温かいうどんなどに使っています。使い込んで味が出すぎているのですが、これがないと困るので塗り直しに出すタイミングが難しいところ。

H 漆器は扱いが面倒な高級品だと思い、ほとんど使っていなかったのだけれど、西麻布の〈桃居〉で赤木明登展があった時に買ってみた。木地に（おそらく）1回だけ漆を塗っただけなので、扱いが乱暴でも気を遣わなくていい。それに熱いものを入れる器として、陶磁器より漆器の方が、器自体が熱くならないから持ちやすい。インスタントラーメンすら、この器で食べている。

マグカップ

K 家にいる時、頻繁に飲むことが多いのはお茶や白湯。猫舌ではない（ちなみに熊五郎は猫舌）ので熱々を飲みたい派です。湯呑みは熱くて持ちづらいという難点があるので、取っ手があるマグカップを選んでいます。スッキリというよりポッテリとした温かみのある形が好きなのは、夫婦共々同じなのかもしれない。私が愛用しているマグカップは熊五郎が〈霧島アートの森〉という美術館で展示をした時にスーベニール用として作ったもの。"HERE TODAY"というメッセージとクリーム色が気に入っています。

H カップ＆ソーサーより大ぶりのマグカップが好き。コーヒーは家で淹れないと決めていたが、最近はドリップバッグという便利なものがあるので、それは時々飲むようになった。右は目黒通りにあったインテリア・ショップで購入したラッセル・ライト社のマグ。持ちにくいと思うこともあるが、全体のフォルムがいいのでよく使う。左は鹿児島の〈霧島アートの森〉で展覧会をやった時に、お土産用として作ってもらったもの。金文字なのが気に入っている。

こけし

K 昔はどの家にも必ずひとつはあったような気がした、こけし。祖父母の家や実家にもたくさんありました。お土産の定番だったのかな？ 物心ついた頃には、こけしはどうでもよい置き物として棚の奥に忘れさられた存在に。けれど、ある時に海外の建築家の自宅に世界の民芸品やモダンなオブジェとともにこけしが飾られている写真を夫婦で目にし、これはただのお土産物ではなく飾り方しだいで素敵な置き物になるのだと突然開眼。いまではウチの棚に堂々と置いてあります。

H 連載の取材で山形県の鶴岡に行った時に、友人が連れて行ってくれたこけしの工人の家で、モノクロームのこけしを見せてもらい購入した。その時に、「好きなのがあれば持っていきなさい」と言われ、図々しいとは思ったが遠慮なくいただいたもの。

マラサダベイビー

K どこをとっても丸くて愛らしいこの子たちは、Leonard's Bakery のマスコットキャラクター「マラサダベイビー」のボーイ＆ガール。部屋の中で口角が上がったご機嫌な笑顔が目に入るたび、嬉しい時ややるせない時など本当に癒される毎日。彼らのこの笑顔を真似して私も口角を上げて笑ってみたりすると、それだけで不思議と元気になります。ボーイの帽子にバッジをつけたり、ガールのヘアスタイルも私なりの勝手なアレンジ。

H いまでは日本にもあるらしいが、昔はホノルルのレナーズに行ってマラサダを食べるのが夢だった。そこに「マラサダベイビー」という人形があると知って２体購入。当時はマラサダボーイ１種類しかなかったと思う。その後、ひとつ友人にあげて我が家のマラサダボーイは長らく独り身だった。別の友人がお土産でくれたマラサダ人形は女の子とシェフの２種類。女の子のザンバラ髪をアレンジしたのはカミさん。カミさんにこういう人形を持たせると、すぐに寸劇を始める。なかなか上手だ。

トーテムポール

K 私が子どもの頃、たしか学校や公園にトーテムポールがあり、それが最初に見たトーテムポールの記憶です。なぜ当時はあんなに色々な場所にあったのだろう？ いまだ不明です。大人になって夫婦でアメリカに行くたびに、様々な場所のフリーマーケット、アンティークショップやスリフトショップなどで少しずつ買い足し、ウチの棚にはいくつか並んでいます。動物や鳥、もしくは伝説の怪物、何をモチーフにしているのか詳しいことはよくわかりませんが、彫刻してきた人たちやその理由など掘り下げて勉強したくなりますね。

H アメリカのアルバカーキという町で買ったのが最初。それまではカチナドールというホピ族の精霊をかたどった人形を集めていたが、どんどん高価になるので、トーテムポールに切り替えた。

セワポロロ

K 北海道の友人から教えてもらったのですが、不思議な木の人形は北の精霊だそう。楚々とした顔と、首の周りに木をクルクルしたものとフワフワな巻物をしているところがなかなかお洒落で可愛らしくて気に入っています。網走に行った時に実際に売っているお店にも足を運んだのですが、商品はほぼ完売！最近はものすごく人気で全国からお客様がはるばる買いにくるそうです。

H ウィルタ族の木偶をもとに作られた民芸土産。網走の〈大広民芸店〉でひとつ手に入れた。右のものは、それからしばらくして北海道の友人からもらった。フェイクファーのマフラーをしていて、前からのものより派手である。派手好きのカミさんはこちらが好きなようだ。

掛井五郎さんの紙彫刻

K 鳩が豆鉄砲を食ったような表情が可愛らしい。ちょうど展示している時、熊五郎と一緒に選んだものです。やっぱりふたつ買うことが多いのですが、夫婦茶碗的な要素なのかな？色違いで買ったり全然違うものをふたつ買ったり、棚はユニークなものに溢れています。

H 彫刻家の掛井五郎さんが晩年に制作していた、トイレットペーパーの芯にボールペンで落書きしたようなオブジェ。京橋の〈ポスタルコ〉で展示があった時に、ぼくは初めて掛井さんにお会いすることができた。改めて2体を並べてみると、左のものがカミさんのように見える。

33

エルメスのスカーフ

K 80年代後半から何か記念日があるたびに、熊五郎からギフトしてもらっています。途中何年かはスカーフ気分じゃない時期もありましたが、また再びスカーフ熱が高まり、スカーフギフトも復活。色々な柄を見ると、その時代にあったことや着ていたスタイルなどを思い出したりするのでやっぱり良いなぁと思っています。そして最近は一緒に見て選ぶことも増えてきて、最新のギフトはいままでにない暖色系のものを一緒に選びました。スカーフをどうやったら上手に巻けるのですか？ と聞かれることも多いのですが、これが正解などはありません。肩にかけたり首にささっと巻いて結んだり、お好きに巻いてくださいとしか答えられません。

H カミさんの誕生日と結婚記念日に贈るプレゼントは、ほぼいつもエルメスのスカーフだ。いままで贈ったスカーフの数はかなりのものだが、途中で気がついたけれど、これって、自分が欲しいんだよね。でも、自分が巻くわけにはいかないから、カミさんにあげて、それを巻いているカミさんを見て満足しているというわけだ。つい最近も、ジェフ・マクフェトリッジがデザインしたものが欲しくて銀座に行った。その時の口実は結婚記念日だった。

スニーカー

K スニーカーショップを経営している友人が、私のスニーカー選びがすごいと褒めてくれます。何がすごいのか自分ではわからないけれど、詳しい友人から見て、注目するブランドが早かったり選ぶモデルも良いらしい。私がスニーカーを選ぶ基準は、ブランドのネームバリューよりカラーリングが好みかどうか。そして、絶対的な軽さ。その基準で選んだ時、いままで選んだことのない「ASICS」に好みのモデルがありました。自分のワードローブにもピッタリなので気に入っていて、他にもモデル違いで何足か持っています。

H ぼくは自分のスタイルを変えるのが得意ではない。だから気に入るとそればかりになる。スニーカーもいまはこの「ASAHI TRAINER 3」の黒かグレーしか履いていない。ところが、どうやらすでに廃番になったようで、いまある在庫で終わりらしい。一応あと一足だけ買い置いたものがあるが、そこからまた新しいものを探さなくてはならないのだ。

家でも旅にもラジオは欠かせない

K 地デジになってからテレビを処分したのでテレビを観る事はなくなり、その代わりにこのラジオが日々の情報源となりました。旅先にはこれよりもう少し小さい世界対応のポケットラジオを持参しています。チューニングを合わせて現地の言葉のニュースや音楽を聴いていると言葉はわからなくても家にいるようなリラックスした気分になります。

H いまはスマートフォンがあれば事足りるけれど、かつては海外に行く時は、トランジスタラジオを持参した。地元のFMをかけっぱなしにして、流れる地元のヒット曲を聴くのが楽しかった。最近、デザインが良くてこのラジオを買ったが、充電式でバッテリーが巨大ゆえ、旅には向かなかった。

山と道のサコッシュ

K 毎日のウォーキングの相棒です。ストラップが調整可能で、軽くて丈夫。短めのストラップにして斜め掛けにするのが好みです。入れているのは財布や携帯が基本で、春夏はハンドタオルや虫除け、汗拭きシート。そして塩飴は欠かせない。秋冬はポケットティッシュ、のど飴＆保湿スプレー。結構容量があるので、あれこれついつい入れすぎちゃうんです。

H サコッシュを持つことはこれまでほとんどなかった。コロナ禍がきっかけで、早朝に明治神宮を歩くようになったら、いつもの布バッグじゃあ大きすぎるし、とはいえ手ぶらというわけにもいかず、カミさんがサコッシュを貸してくれた。長らく、ぼくのサコッシュはカミさんからの借りパクであったが、先日、初めて自分のものを通販で手に入れた。

オードムーゲ＆ボディローション

K ふたりで使っているものの中で、長いお付き合いになったものがこのふたつ。かれこれ30年以上使っているかも !? 私は色々試したいので他にもたくさん愛用しているものはありますが、このふたつはずっと定番。ローションは、最初ピンクのパッケージのものを使っていましたが、香りと内容が豊富になってアップデートされています。オードムーゲは、昔はどこでも売っているわけではなかったので探すのが大変でしたが、なぜか "恵命我神散(けいめいがしんさん)" という漢方薬が置いてある薬局に見つけられる確率が高かったような気がします。なぜ…(笑)。夜はこれらをバチャバチャ惜しみなく使い、朝は違うお気に入りのものを使うというのが私の定番です。

H オードムーゲという化粧水を教えてくれたのはカミさんだ。いまは大概のドラッグストアで手に入れられるようになったが、以前は地味な薬局にしか置いていなかった。ボディローションもカミさんの影響で使い始めた。最初は無香料のものを使っていたが、カミさんは「塗っても香りがないなんて信じられない」と言う。ぼくもだんだんそんな気分になってきて、いまはジョンソン＆ジョンソンの "ラベンダーとカモミール" に落ち着いた。つまりこれ以外の香りはダメ。

メモ帳とボールペン

H 手書きの方が早いと感じる方なので、カレンダー（スケジュール帖）もメモも持って歩く。長らくこの〈ポスタルコ〉のものを愛用してきたが、先日、お店に行ったら、どうやらこのサイズは在庫限りのようだった。このサイズが一番好きだったのに。

バッグに入っている本

K 子どもの頃は図書館に通ってたくさん本を読んでいたくらい、本好きでした。とはいえインドアな子どもだったかといえばそうではなく、外で遊ぶのが好きで木や塀の上、屋根に登ったり、転んで擦り傷が絶えない子でもありました。いまは仕事も生活も徒歩圏内が基本なので、本を読むのは夜寝る前か長距離移動の時。内容も興味のあるファッションや食、映画、音楽などのエッセイなど軽くてサクサク読めるものが好きです。

H 布製のバッグが好きでいくつも持っている。その日の気分によって選ぶのだが、その袋にも文庫本が必ず入れてある。コーヒーを飲みながら読む。だから、どこから読んでも、どこで閉じてもいいような、短い文章がたくさん載っているものが多い。どこまで読んだかわからなくなってしまうから、何度繰り返しになってもいいようなものが、ぼくにとっての名作だ。

OSOIのショルダーバッグ

K 年齢を重ねるにつれ、なるべく身軽に出かけたいという気持ちが強くなりました。ショルダーバッグと小さなエコバッグという2個持ちスタイルが、いまや私の定番となっています。ずぼらな私はパカッと開けられて出し入れしやすいところも気に入っています。ブランドのバッグも好きでいくつか持っているけれどパッと見てどこのブランドのものかがわからないけどなんかモダンで可愛らしくて持ちやすい、というスタイルがいまは好き。

布のトートバッグ

H トートバッグはキャンバスのものやビニールや布など各種持っている。ハンドルの長さやマチや深さが違うから、何でもいいわけではない。でもロゴやらコピーやらイラストが、記念にもなるし、値段もそれほど高くはないので、頻繁に買ってしまう。

アンパンマンのパン

Hカミさんが歯科に行くと、その隣にあるパン屋でアンパンマンのパンを買ってきてくれる。ところが、これが潰れてしまってアンパンマンに見えない。しかも一度や二度ならわかるけど、毎回なのだ。笑うしかない。

〈瑞穂〉の豆大福

K 洋菓子好きですが、餅とあんこはもっと好き。母親も大福好きで、子どもの頃に「大福買ってきてね」とおつかいをよく頼まれていたことを思い出します。色々な土地に行く機会が増え、お饅頭や団子など色々食べるけれど、やっぱり好きなのは瑞穂の豆大福。柔らかくてもちっとした皮に塩気の効いた豆と品の良いあんこのバランスが最高！これを午前中に無事に買うことができると、それだけで嬉しい1日になります。

H 近所の宝物。ある時、大福が売り切れていて、しかたなくモナカを買ったことがある。これが、さすが〈瑞穂〉、やっぱり美味しいのである。一時期は大福よりもモナカばかり買っていた。でも、いつ頃だったか、モナカは作らなくなってしまった。残念だ。

〈フッセン〉のピラミッドケーキ

H 〈フッセン〉のピラミッドケーキは、我が家では「幸せの三角形」と呼ばれている。岡山に行ったら（3ヶ月の夏季休暇以外ならば）必ずお土産はこれだ。先日、久しぶりに買って帰った。家で袋から出したら、潰れて三角形ではなかった。ぼくも、だんだんカミさんに似てきているのかもしれない。

KEIKO'S PHOTO

SHARED FAVORITE
ふたりで共用しているもの

↙ ECO BAG ↙

カラフルなエコバッグでおなじみの〈BAGGU〉。これは Pili 別注のもの。
気づくと熊五郎も使っています。

↙ BASKET ↙

軽くて丈夫なメルカドバッグ。買い物などにも重宝します。
ふたりで共用することも多いアイテム。

KEIKO'S PHOTO

「私のものを使い出したり、熊五郎のものを拝借したり。
互いに使っているのを見て、いいなと思って買い足したり。
共用するのなら、増えてもまぁ仕方ないと思えます(笑)」

CAP

熊五郎がかぶっているのを拝借したのが、私とキャップとの出会い。
今では私の方が所持点数が多いかもしれません。

BACKPACK

バックパックも熊五郎のモノを拝借したのがきっかけで私の定番アイテムに。
〈山と道〉のバックパックをともに愛用中。

Column

初めて一緒に住んだのは
完璧な街だった田園調布

vol. 02

——結婚前の暮らしはどんな感じだったのでしょう？

仁「なんだかんだあって、身辺整理をした彼女がぼくのひとり住まいに転がり込んできたんです」

敬子「転がり込んできたって、ドラ猫みたいな言い方よね（笑）」

仁「もうね、自分磨きばっかりしててね。猫ですよ。壁にはどんどん自分の洋服をかけていって」

敬子「かけるところがなくて、壁のヘリみたいなところにかけてましたね。可愛い古い木造住宅でした」

仁「そうそう。古い家で、鍵を持たずに出かけて無理やりドアを引っ張って壊したり。ぼくは面白くてしょうがなかったです。ただ、当時のぼくは、離婚前後で体を壊した影響でお酒もやめ、健康的な生活をしていたのに、それに比べて彼女は不健康な生活を送っていました。このままじゃダメですよってぼくがごはんを作ったりもしていましたね。最初だけ、だけどね」

敬子「ジャンクフードを食べて、夜遅くまで働いて、夜遊びしてましたから。まだ20代だったからタフだったんだよね」

——その古い木造住宅はどこにあったんですか？

敬子「田園調布駅から歩いて10分くらい。必要なもの全てが商店街にあるようなところでしたね。蕎麦屋さん、書店、CDショップ、中華料理店、和菓子屋さん、寿司屋さん、クリーニング店と、生活に必要なお店が全部あったんです。すごく理想的な街で暮らしやすかった」

仁「本当にそう。あのクリーニング屋さん、良かったよね」

——同棲1年弱で結婚。時期はどうやって決めたんですか？

敬子「私がヨーロッパにかぶれていたから、ジューンブライドに憧れていたのよね」

仁「25歳の6月に結婚したいということを言っていたから、それを目指して両家合わせて食事会をするなど、段階を踏んで進めていきました」

敬子「ちゃんと料亭でお食事したりしたよね。私はそこまでしなくてもいいかなと思ってはいたけれど」

Column

仁「ご両親にとって必要なのでは？とぼくは思っていたんだよね」

——結婚式はどちらであげましたか？
敬子「椿山荘です。お料理が美味しくてお庭があるところがいいと考えて」
仁「仕事の人をそれぞれ招いていたから人数も多く、席決めやら誰の服がかぶっちゃいそうやら、大変だったね」

——新婚旅行は行きましたか？
敬子「パリを経由してローマとミラノ、フィレンツェ、ヴェネツィアと回りました」
仁「新婚旅行らしいものにしましたね。世の中的にはバブルが弾けかけていたけれど、まだまだ景気は良かったので2週間くらい新婚旅行に行くというのもいたって普通の感覚でした」

——結婚後はその田園調布の家で暮らし続けたのでしょうか？
敬子「結婚してから1年半くらいそのまま田園調布に住んで、それから鎌倉に引っ越すのよね」
仁「そうそう。ぼくが勝手に決めてきた引っ越しね。永井さんという先輩がいて、家が近かったんです。ほぼ毎日駅前の喫茶店に行くとだいたい彼もいて、そこで一緒に仕事をしたりしていたのですが、ある時彼が逗子に引っ越したんです。遊びにおいでと誘われて行ったら、海の近くっていいなぁと気に入ってしまい、帰り道に大船駅で降りて不動産屋へ。鎌倉の一軒家を見つけたので、『鎌倉に住まない？』とカミさんに提案しました」
敬子「その頃ちょうどそろそろ引っ越さないといけないタイミングで、横浜の山手も候補だったんです。でもそこまでいくなら、海の近くでもいいんじゃない？と話をしていて」

vol. 02

―― 敬子さんは海の近くという提案に賛成だったんですか？

敬子「もうね、有無を言わせずな雰囲気だったからね。文句も特になかったし。何か流れが来たら抗わずに乗った方がいいという感覚は、お互い共通しているんだと思います」

仁「そうだね。ただ、引っ越しが12月25日になって、よりによってクリスマスイブに荷造りをすることになり、夜中3時でも終わらなくて。でもクリスマスイブだからとぼくはトップスのチョコレートケーキを用意してあったんです。ちょっと落ち着いたタイミングに、クリスマスだしケーキでも食べようかと言ったら、『いらない！』と怒ってたね」

敬子「なんでクリスマスに引っ越しなのよ！と怒っているところに、呑気にケーキ食べる？とか言い出して！とすごく怒ったのを覚えています（笑）」

仁「たまたまクリスマスが引っ越し業者が空いていたっていうそんな理由だったんだけど、怒ってたなぁ」

敬子「私たち、物が多いから引っ越しも大変なんだよね。熊五郎は本とレコード、私は洋服が多いから。石像まであったり」

仁「撮影用に作った石像には引っ越し業者の人も驚いてたね。カミさんはわりと思い切って捨てるんだけど、ぼくはなかなか捨てられないので、引っ越しがあると片付くからいい機会でもあるんです」

敬子「私は何に対しても執着がないんだよね。どんどん捨てちゃいます」

51

ふたり暮らしも
自由に楽しみます

1/8

Chapter **3**

coffee

好き嫌いがわりと多くてコーヒーも苦手なもののひとつ。
なぜ嫌いなのだろうと考えてみると、苦味なのか酸味なの
か? そう言われてみれば、お酒は好きなのにビールが呑め
ない。やっぱり好きじゃない理由は苦味なのかもしれない。
でも、コーヒー牛乳とカフェモカとカフェオレはなぜだか
飲めるしむしろ好きかもしれない。なので熊五郎からはそ
の味覚のわけがわからないな…、と言われています。よう
するに、苦さだけでは嫌だけど、甘みが基本にあってほろ
苦さとうまく調和している味が好きなのだろうと思います。
そういえばコーヒーにまつわる話でもうひとつ。以前、冬
の寒い日にフリーマーケットをしていた時に差し入れしても
らったポットのインスタントブラックコーヒーがとてもありがた
く美味しく感じたので、その後、家でも飲んでみようとイン
スタントコーヒーを購入して自分で淹れてみたはいいけれ
ど、なんだか普通で特別美味しくも感じませんでした。
誰かに淹れてもらうという行為が嬉しいから美味しいのだ
なぁと改めて思いました。

(敬子)

8 things about us

私たちにまつわる8つの事柄

身近なものから形のないものまで。
ふたりにとって重要なようで、あたりまえでもある8つのこと。

コーヒー

外出の理由。ひと息つくための句読点。味のことはよくわからない。気がついたらカップが空になっているというのが、おそらくぼくにとっての美味しいコーヒー。だから美味しいコーヒーの味については勉強しようと思わない。それに自分にとって不味いコーヒーならすぐにわかるから。

(仁)

2/8

8 things about us

glasses

子どもの頃から視力が良い方だったので、眼鏡は私にとってはアクセサリーの一部のような感覚で選ぶことが多いです。

帽子の形によって縁なし眼鏡にしてみたり、髪の毛を高めに結えた時にはガチッとした黒縁が良かったり、モノトーンの服にはカラーフレームにしてみたり、レンズの形も可愛いブラウスにはあえてスクエアレンズやキャットアイにしたり、シンプルなタートルニットやざっくりとしたローゲージのニットにあえてラウンドレンズを組み合わせたりと、伊達眼鏡だからこそ服のスタイリングと同じように日々替えるのが楽しくてしかたありません。

そして眼鏡はいつもと違う自分になることができるというのも好きな理由かもしれません。

子どもの頃から変身願望があったようで、父親のサングラスをこっそり借りて母のスカーフを頭に巻いてお洒落ごっこをして遊んだりしていました。その他にも、近所の男の子たちと一緒に撮った写真をアルバムから見つけたのですが、なぜだか私ひとりだけ、おもちゃの眼鏡にしてはしっかりとした理想的な白縁のスクエア眼鏡をかけて写っていました。

まるで将来の自分を予言していたかのように…(笑)。

いまではすっかり眼鏡がトレードマークになったし年齢とともに老眼も進んできてはいますが、まだ見えないことはないので老眼鏡を作るのはもう少し先になりそうです。

(敬子)

私たちにまつわる8つの事柄

眼鏡

眼鏡はぼくにとっては道具である。ないと困るもの。カミさんにとってはなくても困らないけど、あると楽しいものなのだと思う。カミさんの付き合いで眼鏡店に行くうちに、ぼくの眼鏡のフレームの話になる。それで初めて自分に似合うという感覚が必要なのだということがわかる。でもわかったとしても、近視／乱視用のものと、老眼鏡がひとつずつあれば、それで充分。満足するということではなくて、必要な道具が揃ったということだ。カミさんからは、眼鏡のレンズは常に綺麗に拭いておくべしということを学んだ。

(仁)

3/8 8things about us

tokyo

私が通っていたファッションの専門学校のスタイリスト科は、東京以外に北は北海道から南は鹿児島県の種子島まで全国、韓国や台湾などアジアの津々浦々からも東京に憧れを持って上京してきたクラスメイトがたくさんいました。

ファッション好きだから、高級な有名デザイナーズブランドの服や当時流行りのスタイルで決めていた子や、ハマトラやサーファースタイル、ロックやパンクスタイルや古着アイテムでチープシックな装いをしていたりとまるで珍獣を見ているような景色。文化の違いや言葉の違いを感じる異文化交流はこの時が初めてだったので、そんな友人たちと話しては面白がっていたことを思い出します。

私は東京でずっと育っているので東京に対しての憧れというものはないし意識もしたことはありません。

東京とは？と問われても答えに困ってしまうけれど、世界の料理が食べられる店があること、NY、PARIS、LONDON のように色々な国の人々が在住している場所、そしてめまぐるしく変化していく街…。

それが東京なのでは？と思っています。

（敬子）

私たちにまつわる8つの事柄

東京

東京に憧れるきっかけは何だったのだろう。書き始めるまでは、全く忘れていたのだが、最初は加山雄三の『エレキの若大将』（1965年）なのかもしれない。具体的に何がということはないけれど、若大将の家、大学生活などを羨ましく観た。次は庄司薫の芥川賞受賞作『赤頭巾ちゃん気をつけて』（1969年）を読んだこと。中学3年の時だろうか。都立高校という響き（ぼくが進学しようとしていたのは道立高校…ダサい）、ガールフレンド、銀座ソニービル。そして次は『はっぴいえんど』（1970年）を聴いたこと。彼らのファンになり、風街＝東京と勘違いしてしまった（風街は1964年の東京オリンピックによって消えてしまった都市＝記憶の中の東京のことだったようだ）。ともかく東京で暮らしたくて東京の大学を受験し、合格

して中野区で暮らし始めた。就職は札幌市で。やがて東京支社への転勤願いを出し、その後は東京に居続けるために転職して雑誌の編集の仕事を得た。すでに人生の3分の2以上を東京で過ごしている。そんなわけだから、東京が自分の街だという感覚を持っていたはずなのに、最近はその感覚がすっかり薄れてしまい、正直言うと、逆に東京にいることがちょっとツラくなってきている。

（仁）

4/8   8 things about us

work

3歳から高校生までピアノを習って
いたので文化祭や音楽祭にはピア
ノ伴奏者として舞台に上がることも
多かったし、友人のバンドに参加さ
せてもらったこともあるので、将来
は音楽を生業にして生きていくだろ
うと両親も思っていたのですが、自
分自身はその未来が全くと言って
いいほど想像がつきませんでした。
なんかもっと違うファンタジーを感
じたいと思ったのか、洋裁をやっ
ていた母の手作りの洋服を毎日着
て、それに合わせて帽子やバッグ
や靴と靴下を選ぶということが、
ピアノを弾いてるよりもこんなにワ
クワクして楽しいことなんだと気づ
いてしまって、やっぱりファッション
の仕事をしたいという思いが強くな
り、その道を進もうと決めました。

ただ両親のことは少し（だいぶ？）
ガッカリさせてしまったけれど、自
分がこれだと選んだ道なのだから
しっかりやっていきなさいと応援を
してくれていまに至ります。
美しく綺麗なものを見られてワクワ
クするし、私はこれが好き！という
気持ちをはっきり表現することが許
されるし求められる。若い時にた
だ好きだということだけで自分の軸
となる仕事の選択をしたのだけれ
ど、ツラいことなんて全然ないし、
こんなに好きなことを60代になっ
ても続けて生きていけるなんてあり
がたくて本当に幸せだなぁと思いま
す。

（敬子）

私たちにまつわる8つの事柄

仕事

仕事に反対語があるとしたら、何なのだろう？
オンとオフみたいに綺麗に分けて、そのどち
らにも全力投球みたいなのが格好いい生活
なのだろうか。その場合のオフが余暇なの
だったら、仕事はオンということになるけれど。
好きなことをやっている時間はオンなのかオフ
なのか。ぼくは30歳を過ぎてから、好きなこ
とをやっているだけだ。いや、より正確には、
やりたくないことを可能なかぎりやらないでい
るだけだ。

（仁）

5/8   8 things about us

friends

10 代から縁が続いている友人が何人かいます。
途中会っていない時期もあったけれど、またある時繋がっ
て気がつくとかれこれ 40 年以上の付き合いになります。
かと思えばだいぶ年齢が上がってから意気投合してたまに
一緒に旅に出かけたりする友人もいます。
自分はサービス精神がある方ではないし案外警戒心が強
いところもあるので、気軽に友人になりましょうということに
はならないのです。何度か会って話をして、機会があれば
お酒を一緒に呑んだりしながらさらに腹を割って会話をし
た後にようやく心を開く。
縁があればここぞというタイミングで出会うと信じているの
で、自分からこの人と友人になりたいなぁと思って近づい
ていくことはほぼありません。
面倒くさい人間かもしれないけど私の友人に対する定義と
いうのは昔もいまもずっと変わらずにいると思います。

(敬子)

私たちにまつわる8つの事柄

友達

フェイスブックじゃないのだから、友達になる
のに許可は必要ないと思う。親切に色々と
協力をしてくれた人のことを、ぼくは友達だ
と考える。相手がぼくのことを同じように思う
ことが条件にはならない。ぼくが使っている
友達（というよりは友人と記すことが多いけれど）
という言葉は、そのくらいに意味合いとして
も軽いものだ。軽いから負担にならないし、
関係を思い悩んだりもしない。

（仁）

6/8   8 things about us

family

子どもの頃に"家族ポスト"というものを作っていました。
基本的に家族仲が良い方だと思いますが、こういうところを直
して欲しいとか、こうしてもらえたらいいのになどの希望や意
見を面と向かって言うよりも、メモに書いて自分で段ボールで
作ったポストに投函して、日曜日の朝食を食べた後に私が発
表するというものでした。メモの内容はというと「お父さん、帰っ
てきたら靴下を脱いだままにしないでください」「門限時間が
早すぎて友人と遊べないのでもう1時間遅くしてください」など、
いまにして思えばそれほど大したことじゃない内容ばかりだけ
ど、家族といえども子どもなりに真剣に意見を唱えたかったの
だと思います。その後改善されたこともあったので1年くらい
は続いたような記憶があります。結婚する前に熊五郎にこの話
をしたら、なぜだかかなり面白がられて、そんなことを思いつ
くユニークな私と結婚したら面白い生活になるのじゃないかと
思ったようです。
冗談で再び"家族ポスト"作ろうか？ という話もチラリと出まし
たが、やっぱり思ったことはその場で言って解決したいからウ
チにはいらないね、という話で終わりましたけどね。

(敬子)

私たちにまつわる8つの事柄

故郷（家族）

生まれてから高校を卒業するまで住んでいたのは北海道夕張市という炭鉱町。石炭を掘るために山間の自然を壊してできた町だ。石炭を洗った水を流すから川の水は真っ黒。山の斜面は労働者のための住宅が建ち並ぶ。暖房は石炭なので空気は煤っぽい。石炭とともに掘られた要らないものは捨てる。それがどんどん積み重なって三角形の山になる。いわゆるボタ山だ。夕張ではズリ山と呼ばれていた。何度かの大きな事故によって閉山になった後は、観光に頼ろうとしたがうまくいかず、2007年には財政破綻してしまった。もう何年も帰っていないが、ぼくが子どもの頃に見ていた風景は何も残っていないだろう。不自然な景色が自然に還っているはずだ。ぼくには故郷はない。故郷を自分で消去したのではなく、故郷が消えてしまったのである。幸か不幸か、そういう感覚が身についてしまっている。家族と過ごした思い出さえも、自分にとっては淡くあっさりしたものなのは、こういうことと密接に関係があるはずだ。

（仁）

7/8　8 things about us

old

数字だけ見ると自分でもびっくりする年齢になってきているのですが、老いを最初に感じたのは35歳くらいの時に初めて白髪を見つけた時。その時はまさか自分に白髪が生えるなんて信じられない…、と号外を配りたくなるくらいショックでした。その次は50代前半に身体のあちこちにより老いを感じる出来事もありましたが、そんなことも明るく笑って話せる同じ年齢の友人たちと「しょうがないよねーもうなるようになれ!」っていう感じに変わり、経年変化をも面白がるようになりました。

でも先日、住んでいる地区から熊五郎宛に認知症検診のお知らせというのが初めて届きました。

自分じゃなくてもパートナーが70代になり立派な高齢者の仲間入りとなって、また改めて老いということを考えるきっかけとなりました。

老いることをネガティブに思えば思うほど切ないことばかりになりどんどん暗くなってしまいますが、だからと言って過度のアンチエイジングをして若さを取り戻したいとも老いに対して抗いたいということもありません。

好きな人たち、事柄(仕事も含め)、大切なもの(最小限)に囲まれて美味しいごはんとお酒があって健やかにできるだけ笑って過ごしていける老後でいたいし、号外を配りたくなるくらいだった白髪もいまでは受け入れているし、一刻も早く全体的にグレーヘアにならないかと待ち遠しい自分がいます。

(敬子)

私たちにまつわる8つの事柄

老い

人間は必ず死ぬ。その時期を自分で決めることができない。死について考えるのは、それが近くにある時だろう。老いというのは、自分も死ぬということを認めることが第一歩なのだ。ぼくは自分では充実した人生を送ってきていると感じている。そしてついに古稀を迎えた。いつまでも「自分がいないとダメだ」と思い続けて、世の中の邪魔になってしまうのは御免である。幸いにも引退宣言のような回顧展を美術館でできた。引退したのだし、聞かれたら答えるけれど、決して出しゃばらないという存在の在り方は快適だ。老いたこれからは、人にかける迷惑を可能な限りゼロに近づけたい。

（仁）

8/8

8 things about us

love

愛とはなんだろう？ などとそんな哲学的なことをしっかり考えた経験
があるだろうか？

愛という形はカップル、家族、友人、物に対してと多様にあると思
いますが、カップルに関して言えば、若い時は考えるより先に勢い
良く行動しちゃって欲望のまま生きてきた方だし、急な感情で生まれ
た恋を愛だと勘違いして感情が複雑に絡み合ったりと、青くて甘酸っ
ぱい感覚を思い出します。

私の好きな作家サン＝テグジュペリの「愛はお互いを見つめ合うこ
とではなく、ともに同じ方向を見つめることである」という言葉が深
くてとても気に入っていて、いつも心に留めているのですが、結婚
35年目になってようやくこの言葉がしっくりくるようになりました。

目的地の方向と場所が一緒だったら、歩く道はそれぞれ違っても良
いし好きな道を行けば良いと思います。

お互い違う道を歩いている途中で嬉しいことや哀しい出来事を経験
したり、面白いものや美味しいものを見つけたりしたら、目的地に
着いてから真っ先に共有したい。

信頼しているからできること。信頼こそ愛なのかもしれないと思って
います。

（敬子）

私たちにまつわる8つの事柄

愛

「私は太陽電池で動いており、妻が私のお日さんなのだ」という中坊公平の言葉は寸分も違わずに、ぼくのカミさんに対する気持ちでもある。そういう相手に対して、惜しみなくそそぎこむ気持ちが、きっと愛なのだと思う。

(仁)

Column

いまの自分たちの軸を作った
10年間の鎌倉暮らし

vol. 03

——田園調布から鎌倉に引っ越して、何年間住みましたか？

敬子「鎌倉にいたのは10年くらいかな。3回引っ越ししているのですが、最初の2軒が私たちの"おもてなし時代"。海が近かったので海の家代わりみたいな感じで、とにかく常に人がいました。外国に住む友達が来日したら泊まったり、しょっちゅう人が遊びに来ていました」

仁「あの2軒は広さもあったから、たしかに来客が多かったね」

敬子「私は東京育ちなので、鎌倉に引っ越したら、夜は真っ暗だし、当時はコンビニもないし、ここで生活できるかな？という不安もあったんです」

仁「結婚してぼくの故郷である北海道に連れて行った時、彼女が言った言葉が『よくこんなところから出てきたね』でしたから（笑）」

敬子「本当にすごいことだと思ったんだよ。遠い東京までひとりで出てくるって、よっぽどの強い気持ちと勇気がいると思う。私は鎌倉が、東京以外の場所で暮らす初めての場所でした」

仁「実際に住んでみたらすっかり楽しそうでしたよね」

敬子「仕事を休んで鎌倉暮らしを始めてみたら、毎日楽しくて。主婦って楽しい！となったんです。その当時、少しずつ友人も鎌倉に住みだしていて、ディモンシュ（※カフェ ヴィヴモン ディモンシュ）ができたことでそこにまた新しいコミュニティが生

まれてそれも新鮮でした。毎日すごく楽しかった。この頃に、ファッション、ライフスタイルともにガラッと変わりました。ちゃんとしたものを食べなきゃと思うようになり、そこから衣食住への意識が変わっていきました」

仁「海の近くに住むと湿気が想像以上にすごくて、エルメスの靴だってすぐにカビちゃいますからね」

敬子「そうそう。ここに住むってことは、こういうものはもういらないんだねと素直に思えたんです」

仁「軽くなっていく感覚でしたね」

敬子「ガチッと決まっていた部分がどうでもよくなって、解けて脱げてラクになりました。肌に気持ちいい天然素材のものを着るようになったり」

——いまのスタイルが確立されたのは、鎌倉に暮らした10年なんですね。

敬子「鎌倉時代は私たちにとって大きいね。いまの自分たちの軸を作ったと言っても過言ではないと思う」

仁「いまよりも鎌倉への移住者は少なかったから、新参者が住むということもなかなか勇気が必要だったしね」

敬子「本当にそう。3年間ぐらい回覧板が回ってこなかったりね（笑）。そうやって色々なことを知っていきました」

Column

photo: Justin Creedy Smith

vol. 03

KAMAKURA HOUSE

Chapter 4

ふたりの旅

ほとんどの旅は一緒に行くけれど、
実は意外と違うところを見ていたり
それぞれが好きなことを楽しみ、
相手が楽しむ姿をまた楽しんでいる。
タイに通っているイメージも強かった
ふたりが、最近ハマっているのが韓国。
使い捨てカメラをひとつずつお渡しして
写真を撮ってきてもらいました。
韓国7泊旅、同じ場所で
それぞれの目に留まったものとは？

韓国旅をそれぞれ写真に撮る。

——**韓国にすっかりハマっているというおふたりですが、どんなところに魅力を感じますか？**
敬子「韓国は馴染みがいいというか、違和感を覚えなかったんです。初めて行った時にも面白かったけれど、だいぶ経って2度目に行った時にさらにいいなと感じました。3度目の滞在の時にはすっかり親しみ深い感じに」
仁「音楽や文化が面白いということももちろん大きいですが、落ち着くんですよね」
敬子「人が元気だしね。危ない場所があったり、その国なりの問題ももちろんあるだろうけど、空気が馴染むのでリラックスできるんです。こういうことって本当に相性ですよね」
仁「日本と距離が近く顔のつくりも似ていて、けれど完全な外国であるというところもいい。英語だとなんとなくわかったりもしますが、もう言語が全くわからないからね。想像もつかないという感じが、完全な外国です。地下鉄などのシステムも似ているようで違いますし」
敬子「買い物や美容で韓国に来る人は多いと思うのですが、私はどちらでもなくて、むしろ買い物したいとかは全然思わないんです」
仁「そこにいるだけでいいんだよね。東京より全然いいと思う。東京っぽいところはたくさんあって、東京よりもスピードが速い。だからきっと古いものを壊して新しいものを建てていくということもすごい速さで行われていき、これから変わっていくとは思うのですが」
敬子「どの国も変わっていくものだからね。でもきっと韓国のスピードは速いと思う」
仁「すべてのシステムがせっかちというか、曖昧さが少ないんだよね。たとえば信号もさっと

変わって赤と青の合間がない。変わった瞬間に車が動き出すという感じ。そういう国民性は、システムだけでなく政治にしても何でもそう。白黒はっきりした部分が、ぼくは気持ちがいいです」
敬子「日本のように中途半端ではなく本当の意味でデジタル化されているから、ハングルさえ読めればとても便利だしね」
仁「基本的には日本と似ているし、抱えている問題も近いなぁという雰囲気はあります。ただ、それを自分たちが動くことで変えていくという意識みたいなものがわりと前に出ている感じがあり、風通しが良くていいなと思いますね」

——そんな韓国旅に、使い捨てカメラをひとつずつお渡しして、写真を撮ってきていただきました。今回は何泊の旅でしたか？
敬子「ソウルに7泊でした。地下鉄のカードを買ったので、行動範囲が広がりました」
仁「基本的には東京と同じ過ごし方です。歩いて行ける範囲内にお気に入りのごはん屋さんをいくつか見つけて、そこに通うという毎日です。プゴクッ（干し鱈のスープ）のお店まで歩いて行き、朝ごはんを食べて1日が始まる」

敬子「朝ごはんを食べて帰りにカフェに寄って部屋に戻って休憩。それから韓国の友人たちと出かけるという感じだったよね。朝ごはんはこの鱈のスープかベーカリーショップ（P.78写真a）の2軒がメイン。警察署や市庁が近いのでそこで働く人々で朝から賑わっていて、スープが本当に美味しい。滞在最後にサイドメニューの目玉焼きを頼めるようになったのが進歩だったよね」
仁「そうそう。地元の人たちが目玉焼きを一緒に頼んでいて、いいなぁと思っていたんだけど、どうやって頼むのかがわからなくてね」

——どちらが行きたいお店を決めるのでしょうか？
仁「韓国に関してはカミさん任せです。見たい展示や行きたいお店や地区は先に伝えてあり、あとはカミさんが、目が充血するくらい調べてくれます」
敬子「韓国に関しては私が担当してますね。韓国愛が溢れちゃってね（笑）。『冬のソナタ』とかが流行る前から韓国ドラマや音楽を好きになって長いので」

KEIKO'S PHOTO

同じ場所、同じ時間の、壁と人

HITOSHI'S PHOTO

77

敬子さんの韓国旅行

行くほどに馴染むようなソウルに惹(ひ)かれます

GROUNDSEESAW 西村にて

路線バスの広告を見るのが楽しい

GROUNDSEESAW 西村から外を見た風景

出発時の空港

リウム美術館にて

鱈のスープのお店ことムギョドンプゴグッチッ

a. 紅茶が美味しいベーカリー

f. 車窓からの風景

聖水のソウルの森周辺。壁が好き

c. ドラマでよく見るお気に入りの道

青瓦台周辺

印象的な建物の入り口

ウインドウディスプレイに目が行く

連れて行ってもらって食べたスジェビ

g. 美術館の建物

私のベストフォト

梨花大のキャンパスは建物が面白い

仁「長いよね。『本当にそこいいの〜?』とか言いながら連れてってもらうんだけど、行くとどこも意外といいんですよ。カミさんは次行った時にはもう覚えていないかもしれませんが」

敬子「そんなことないでしょう(笑)。まぁ忘れちゃうのは、忘れていいことだから。この干し鱈のスープのお店も私が調べて見つけました」

——今回撮った写真を改めて見返してみてどうですか? カメラをお渡しした時に、敬子さんが珍しくとても不安そうだったのが印象的です(笑)。

敬子「そう、不安でした。そして相変わらず、下手です(笑)。でもまだマシな写真が増えたなぁと思います」

仁「こうして並べて見返してみると、意外と同じようなものを撮っているなぁと思いました。撮ろうかなと思ったら、先に撮られていてやめたりもして。そういえば、カミさんは旅の途中で早々にカメラを使い切っちゃってたよね」

敬子「滞在が終わる3日前には使い切ってたよね。帰り際に『あーこれ撮りたかったなぁ』ってなりました。配分が苦手だから(笑)羊羹(ようかん)とかを目分量で切っても絶対におかしくなる…」

仁「新婚旅行の時にこういう写真(P.83 写真b)をよく撮ってたよね」

敬子「ここは私は携帯で撮ってる。熊五郎がカメラで撮ってるから、私はやめておいたの。ここ良かったよね。たしかに新婚旅行でイタリアとフランスへ行った時の写真っぽいね」

仁「壁とか車やバイク、自転車とか。変わらないものだよね」

敬子「私がよく撮るのは、道や壁。ソウルの古い壁(P.79 写真c)がとにかく好きなんです。熊五郎は意外と人をよく撮ってる気がします(P.83 写真d.e)」

KEIKO'S PHOTO　　　　　　　　**HITOSHI'S PHOTO**

宿の近くの広場にあったオブジェを
それぞれ別の日に撮影していた

仁「基本的には景色を撮影しているんだけど、そこに人が入っていないといい景色に見えない気がするんですよ。だから大自然の景色とかもちろん綺麗なんだけど、別にって思ってしまうんだよね」

敬子「あと私は壁に貼ってあるポスター（P.77写真左）とかも昔から撮っちゃうね」

仁「グラフィックのセンスも違うし色も綺麗だから、海外に行くと撮りたくなりますね」

敬子「この広場の写真（上写真）は同じ場所よね？」

仁「そうだね。角度が違うけど。しかも違う日に撮ったんじゃないかな？」

敬子「同じ場所を撮ってるけど角度が違うことはよくあって、へ〜そっちから撮るのね、なんて思いながら眺めてます」

仁「カミさんのこの写真（P.78写真f）は、いいなぁ撮りたいなぁと思ったけれど、車では彼女が窓際に座っていたのでぼくは撮れなくて。あー撮ってるなぁ撮るよねと眺めていました」

——これは自分なら撮らないなぁという写真はありますか？

仁「室内で真っ暗な写真かなぁ。暗すぎるよ。あとこの壁に寄った写真（P.79写真g）とか。これは何を撮ったの？」

敬子「これは人がたくさん来ちゃって角度を変えたらこうなっちゃったというだけ。意味はないです（笑）」

——宿の近くのエリアの写真も多いですね。

仁「すごいスピードで変わっていく韓国でもこのあたりはきっと変わらないだろうな。それでこのエリアを選んでます（P.83写真h）」

敬子「ソウル市庁がある市庁（シチョン）は、宮殿や広場、美術館などがあるので建て壊しなどはないだろうね。東京で言うなら、大手町、丸の内、新橋という感じ。このエリアは好きな壁も多くて歩いていると落ち着きます」

仁さんの韓国旅行

カミさんが一番好きな写真とのこと

いつかこのタワーに上りたい

ふたりとも滑走路を撮影していた

国立現代美術館の建物

壁を塗った跡がアートのように見えた

雑貨を売るトラック露店

HIPGNOSIS の展示が素晴らしかった

宿の窓から隣のビルの喫煙所が見えた

b. 車の写真はよく撮る

朝食の店に行く途中の気になる広告

このあたりにはモニュメントが多い

h. 宿の周辺のエリア

d. 景福宮〜安国付近にて

お気に入りのイタリアンカフェ

選挙のポスターに目が行く

e. 景福宮の近く。韓服を着た女性が多い

自分たちで変えようという風通しのよさを感じる街

Column

たくさん旅に出かけ、
その経験がふたりの価値観の基に

vol. 04

――いまのおふたりの軸を作ったとも言える、鎌倉に住んだ10年。その頃敬子さんはお仕事をずっとお休みしていたのでしょうか?

敬子「10年中6年半くらい休んでいました。その期間は本当によく海外へ旅していましたね」

仁「そうですね。たくさん行った海外への旅もふたりの軸を作ったと思います」

敬子「ヴェネツィアに行った時、私はショートパンツを穿いていたのですが、そういう格好をしているのは学生だけ。なんかちょっと違うなぁと肌で感じ、ドレスに着替えようとベネトンに行きワンピースを買いました」

仁「そういうことを覚えていった時代だよね。ヨーロッパを中心に旅することで、"何が大事か"という価値観が変わっていった頃です」

敬子「ヨーロッパへの長めの旅を年に2回くらいしていました。何が粋で、何が野暮なのか、それを覚えた時期ですね。色々なエピソードがあるよね」

仁「プラダとリモワのコラボのトランクを持ってスーツを着ていたら、荷物を運んでくれるポーターが1等車に荷物を運んだんです。ぼくらは2等車なのに(笑)。こういうことだよねと思ったなぁ」

敬子「身の丈を知ったよね。自分に見合う、似合うってことを知るという」

仁「自分の暮らし方に合っているものはなんだろうと思い知らされました」

敬子「若い頃に恥をかきながら、色々覚えていったよね。そうやって知ったこと、経験したこと、私にとってそれがとても大切でした。そのおかげで、いまは臆せずにどんな場所でも行ける気がします」

仁「ふたりで経験して知っていったからね。その頃の旅の思い出はすごくよく覚えているよね」

Column

敬子「私たちは似ていないですし、違うから面白い。ただ、同じ経験から得るものや感じることはやっぱり似ているんだと思う。そんなにその頃の思い出話はしないけど、同じことを共有したという感覚がふたりにあります」

──旅や鎌倉暮らしによって変化をしながら6年半仕事はお休みし、どんなキッカケで仕事復帰したのでしょうか?

敬子「よく休んだのでそろそろ戻ろうかなぁと思っていた時、ピッタリなブランドがあるからやってみない?と先輩から声をかけてもらいプレスに復帰しました。その時に業務委託という働き方に」

仁「ケイト・スペードですね。それまではお互いに関係ない仕事でしたが、ケイト・スペード自体がぼくにとっても興味あるブランドでした。その頃カミさんが着ていたdosaというブランドも面白くて、そういう風にカミさんを入り口にしてそこを掘っていき自分の仕事で特集を作るということも増えていきました」

敬子「そうそう。掘るあまり、私のアメリカ出張についてきたりしていたよね。年に6回くらい出張に行っていたので。若い時はそれぞれが飛び回っていたけれど、私はアメリカについて教えて、熊五郎からはフランスのことを教えてもらったと思います」

KEIKO'S PHOTO

TRIP FOR AMERICA
アメリカ・西海岸への旅記録

「40代の後半からふたりで何度も訪れた、カリフォルニアをはじめとしたアメリカ南西部。乾いた空気と広くて青い空に魅せられ、いるだけでエネルギーが漲ります」

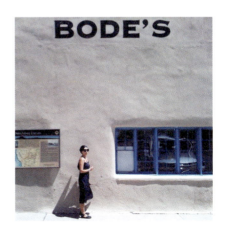

KEIKO'S PHOTO

TRIP FOR THAILAND
タイ・チェンマイへの旅記録

KEIKO'S PHOTO

「しょっちゅう通っていたタイのチェンマイ。
食、ゆるさ、気候と私たちにすっかり馴染んでいる国。
美味しいごはんと暖かい気候の中、市場に散歩にとのんびり過ごします。
最近は、時間があれば韓国を選んでしまいますが…(笑)!」

KEIKO'S PHOTO

TRIP IN JAPAN
国内各地への旅記録

KEIKO'S PHOTO

「自分の出張や、日本中を旅している熊五郎のお供など、
気づけばずいぶんと日本各地を旅してきました。
変わらない人や場所、新しい人や場所。
嬉しい出会いが多く、各地にいい思い出がたくさん」

50の質問

ふたりそれぞれに50の質問を。
お互いがどんな答えをしたのか、
知らない状態で答えてもらいました。

1 相手の面白いと思うところはどこですか

K 性格が違うことだらけだからツッコミどころもそうくるか！という感じですべて面白い。

H 答えは同じになるとしても、考える道筋がまるで違うところ。別の宇宙から来た人みたい。

2 夫婦間のコミュニケーションで
　　気をつけていることはありますか

K なるべく同じ場所に行って同じものを食べて、同じ風景を見て同じ時間を過ごすことにしています。

H 意見が対立しても、相手を追い詰めない。どこで引くかを用心深く考える。

3 自分が似合うと思う色は

K レッド、ブラック、イエロー、ホワイト
H ない。

4 相手が似合うと思う色は

K ブルー系、バーガンディ、ピンク系
H すべての色。

5 人生のモットーを教えてください

K SUN&FUN　好きな服を自由に着る！
H wasn't born to follow

6 仕事について質問です。
　　自分の仕事で一番気に入っているものは

K 幸せなことに好きなことが仕事になっているのですべて気に入っています。

H どの時代の仕事も楽しんでやったので、すべて気に入っています。最近だと、MIMOCAの展示『いのくまさんとニューヨーク散歩』など、美術展のキュレーションの仕事が好き。

7 これまでの相手の仕事の中で、
　　どの仕事が好きでしたか

K 嫌いな仕事はしていないのですべて好きでした。

H どの時代の仕事も好きです。最近のものだと『好きな場所へ自由に行きたい』。

8 この人の仕事に対するこういう姿勢が
　　好き、と思うところはありますか

K 仕事に取りかかる前に頭の中をきちんと整理して入念に準備をしてからスタートする丁寧な仕事の仕方を尊敬します。

H きちんと人を見て、大胆にその人に任せるところ。

9 お互いの色気を感じる瞬間は
　　どんな時ですか

K 色気というわけじゃないですが、美容院に行ってカットしたてのヘアスタイルにシャンプーの香りが好きですね。

H 通り過ぎた時にとても良いにおいがすると

ころ。ぼくには色気はないです。

10 いままでで一番好きな時代は いつでしたか

K 過去ももちろん良かったですが一番好きな時代はいま!!

H いま現在。

11 若い時に行って良かった国は？ 理由も教えてください

K 南仏＝友人の両親の夏の家が南仏にあったので遊びに行ったのがきっかけで、パリを拠点にニーム、サントロペ、マルセイユ、エクス・アン・プロヴァンス、アンティーブ、マントンなどよく遊びに行っていました。太陽、海の色と景色とマルシェと歩いている人々のヴァカンススタイルが素敵でした。
ヴェネツィア＝パリから寝台車で移動してヴェネツィアに行ってヴィラを借りて、レストランで食べるだけでなくスーパーで買い物をして自炊もしたりと、暮らすように滞在しました。街は車が通れないので運河をヴァポレット（水上バス）で移動するという手段も、普段日本に暮らしている私たちにとっては全く違う文化だったのが面白かったです。
トルコ＝パリに半年滞在していた時に違う文化の国に行きたいなと思い、友人とトルコに行ったのですが、アジアとヨーロッパのふたつの文化が混在している不思議な国でした。モスクや宮殿、遺跡など素直に観光を楽しめました。イスタンブールから長距離バスに乗ってアンタルヤ、カッパドキアへ移動したのも若い時ならではの楽しい思い出。

H インド、メキシコ＝いい意味でハチャメチャだったから。

ヴェネツィアと南仏＝どういう暮らしが幸せなのかを考えるきっかけになったから。

12 最近、行って良かった国は？ 理由も教えてください

K 韓国、ソウル＝2005年以来久しぶりに行ったソウルが楽しくてその後毎年訪れることに。日本から近いのに街はローマ字表記がほとんどなくハングルで書かれているので本当の意味で外国だなと感じるし、食べ物は美味しいし、アートや音楽などカルチャーも勢いがあってまだまだ開拓したいところ。全州、慶州、釜山や済州島なども行ってみたいなーと思っています。

H 韓国＝自分たちの手で民主主義を勝ち取った国が、すぐ隣にあるということ。だから色々参考にしたい。

13 離婚の危機はありましたか

K 一度もないです。

H なかった。

14 その危機をどう乗り越えましたか

K 無回答

H 無回答

15 原風景を教えてください

K 夏休みにスイカ割りをしてスイカを食べたこと。竹馬に乗って友人の家に遊びに行ったこと。木に登ったり塀に登ったりして遊んだこと。祖母の家に長期滞在してプールに行ったり祖母が育てた野菜をたくさん食べたこと。

H 子どもの頃に見た風景はほぼすべて消えてしまっています。

16 いま一番不便に感じることは

K 東京の家の周辺が開発されて、自分たち的に便利だった店、好きな店がどんどんなくなっていくこと。

H 東京のことになるけれど、自分の気に入っているものから消えていくこと。特に個人商店が減っていくこと。

17 それぞれの食の好み
   （和食、イタリアン、中華など）は

K 外食では色々食べますが、実は家ではふたりとも素朴な食事が好き。美味しいご飯、キムチ、海苔、味噌汁。これさえあればご機嫌です。

H スパイスの使い方に驚きのある料理。

18 人との付き合い方で大事にしている
   こと、注意していることは

K 大事にしていること＝人との距離感。親しき中にも礼儀ありなので。
注意していること＝無理に人と繋がろうとしないこと。縁があれば無理に縁を持たなくても自然に繋がっていくと思っているので。

H 親密になりすぎないこと。

19 岡本家のクロゼットにルールは
   ありますか。たとえば、共有する時の
   ルールやしまい方の決まりなど

K 私の服が増えてきたのでクローゼット崩壊中…いまはルールはないです。今後少しずつ片付けます…（笑）。

H これに限らず我が家には「ルール」はないと思う。

20 10年後のふたりの暮らしの理想像は
   ありますか

K ここ数年考え続けています。コミュニティがしっかりあり、街のサイズがコンパクト。そして便利なお店もある場所で、人間らしく仕事しながら暮らしていけるのが理想です。

H カミさんに迷惑をかけない暮らし。

21 尊敬する人、憧れの人はいますか

K 特にいません。

H バカボンのパパ。

22 住んでみたい国はありますか

K いまは長期ではなくソウルに短期滞在したらどんな感じなんだろうと思ってます。

H 言葉の問題を考えると、海外は難しいですね。

23 日本の好きなところはどこですか

K 好きなところを探すのが難しくなってきましたが、言葉が通じることと和食が美味しいことかな。

H 日々、減っている。残っているところを探して訪ね歩く日々。

24 日本の嫌いなところはどこですか

K 経済政策。杓子定規なところ。
人の目を気にして没個性なところ。

H 日々、増えている。時代が大きく動いているので、受け入れられるものを探す日々。

25 憧れる職業はありますか

K 特になし。

H いまさら、ありません。

26 20歳若返るなら何をしたいですか

K ダンスと格闘技を真剣にやりたい。
H 若返るのはイヤです。

27 ずっと欲しいけど、まだ 手に入れていないものはありますか

K シャネルスーツ
H 充分に幸せなので、ありません。

28 ひとりの時間がどれぐらい必要ですか

K 3日間くらいずーーっとひとりでいたいと思う。
H ほぼ毎日。

29 どうしても許せないことはありますか

K 理不尽なこと。差別。弱いものいじめ。
H 考えが違うのはあたりまえだということを理解しようとしない世間の風潮。

30 家の中で気に入っている場所は どこですか

K 東京の家=リビング　明るいから。
鹿児島の家=リビング　明るいから。
どちらもコンパクトな家ですがそれがかえって落ち着くし、リビングの窓側が明るくて好きです。
H 窓のそば。

31 自分だけの"お守りアイテム"は ありますか

K ヒマラヤンソルト=クリスタルのような綺麗な塩の塊を革の袋に入れてぶら下げたり、持ち歩いたりしています。
北タイのアンティークのバングルと、「ラストダンス」というブランドのシルバーリング=

必ず右手につけているバングルとリング。
H アイテムではないけれど、カミさんが最強のお守り。アイテムなら、鎌倉で買ったターコイズの指輪。

32 子どもの頃のヒーローは誰でしたか

K 仮面ライダー、ウルトラマン。弟とふたりでなりきって、ごっこ遊びをしていました。
H 長嶋茂雄

33 楽天的ですか、悲観的ですか

K 場合にもよりますがどちらかといえば楽天的かな?
H 悲観的ではないと思う。結婚してから、さらに楽天的になった。

34 最近一番嬉しかったことは何ですか

K 毎日ちょっとした嬉しいことを感じるので一番というのはないかもです。
H ごくごく小さなことでも嬉しくなるので、ひとつに絞れません。

35 好きな言葉を教えてください

K 明日は明日の風が吹く。
H 「私は太陽電池で動いており、妻が私のお日さんなのだ」中坊公平

36 好きな国を3つ教えてください

K イタリア、タイ、韓国
H モンゴル、ポルトガル、イタリア

37 日本の中で好きな街を 3つ教えてください

K 岩手、長崎、鹿児島
H 鹿児島、札幌、日田

38 お互いが、相手に似合うと思う場所はどこですか

K お互いが安心できるところならどこでも良いと思ってます。

H あらゆる場所。店でも場所でも、どこに行っても、写真を撮りたくなるような色の服を着ていて感心します。

39 相手にもらったもので印象的なものはありますか

K 記念日に贈ってくれるエルメスのスカーフ。

H ぼくは好きな食べ物をシェアしたくない人間だけど、カミさんは色々分け与えてくれるので、そのたびに素敵だなと思います。

40 心身のバランスが崩れた時の対処法は

K ヒマラヤンソルトをお風呂に入れてつかる。好きな俳優の韓国ドラマを観る。好きな人と好きなお酒と料理を食べる。

H 未病対策（整体、漢方）を普段からしているので、大きく崩れることはない。

41 敬子さん、どんな60代の10年になりそうですか 仁さんの60代の10年はどんなものでしたか

K 切ない事柄もますます増えてくるとは思うけどそれは正しい進化をしていることなので潔く受け入れる。楽しく健やかに過ごせるようにしたい。

H 前半は50代の続きという感じだった。後半は若い頃からそれまでにやってきたことを展示する機会を与えられ、色々考えたのでスッキリとした気持ちになれた。ちなみに70

歳は、大きな壁だと思います。

42 最近、心が高揚した瞬間はありますか

K 海に行って潮風に吹かれて空を見上げてボーッとしたこと。泉質の良い温泉に行ってパワーアップしたこと。東京にいると忙しなく過ごすことが多いので、自然に触れてシンプルに過ごせると心が高揚します。

H コーネリアスのライヴ、かなぁ。

43 後悔は残す方ですか、残さない方ですか

K 後悔はその日1日だけすることはあるけれど次の日からはもう残しません。

H 覚えていないから、残さない方なのだと思う。

44 怖いものはありますか

K これはしょうがないことなのですがいつも一緒にいる相手がいつかこの世からいなくなること。考えると怖いし悲しい。虫全般。大人になって虫が嫌いになりました。

H 暴力。戦争。

45 これまでのふたりの生活で思い出深いエピソードを教えてください

K 自分が20代後半から30代中盤の頃、海の近くに住んで自分たち的に丁寧な暮らしをしていたこと。友人たちが頻繁に遊びに来ておもてなしを楽しくしていたこと。40代から50代中盤は、東京に拠点を移して仕事三昧。50代後半現在は、鹿児島にも拠点を持ち2拠点生活。なんとなく自分たちの気分やご縁の繋がりで生活のスタイルが自然に変化し

ていっているのが面白い。

今後も老後に向けて変化していくと思います。

H いつの時代にも色々楽しいことがあったけれど、いまの毎日が楽しいから、過去のことを思い返すことはほとんどないです。古い写真が出てきた時くらいかな。

46 お互いがお互いに対して、助かるなあと感じている部分は

K 存在自体が助かっている。

忙しい時に買い物をしてくれること。

H そばにいて色々な体験を一緒にしてくれること。それだけで嬉しくなる。

47 年齢を重ねるにつれて感じる、自分と相手の変わった部分は

K ライフスタイルの変化。老後の考え方。

H 自分＝夢と現実の差がなくなってきたこと。夢を叶えたからという意味ではありません。スケールは小さくなっているけど、それが自分に合ったサイズなのだと考えられるようになったということ。

カミさん＝歳を重ねても、基本は小学5年生男子。その部分を失わないのはすごいと思います。

48 生活にルーティーンはありますか

K 早朝にウォーキングしてシャワーを浴びて朝ごはんとフルーツを食べて、できる限り仕事を早めに終えて夕飯は早く食べること。

H ぼくは毎日ルーティーンに乗っ取って生活しています。

49 結婚していて良かったと思う最大のポイントは

K 美味しいもの、美しいもの、楽しいことを共有できること。

H ひとりではないこと。

50 自分が相手に影響を受けたな、逆に与えたな、と思う部分はありますか

K 影響を受けたこと＝早起き。約束の時間より早めに到着すること。聴く音楽の幅が広がったこと。アートやカルチャー全般知らなかったことを教えてもらったこと。

影響を与えたこと＝蓋を閉めないこと。なんとかなるか？と良い加減になったこと。ファッションの色使い。

H 受けるばかりで、与えてはいないと思う。一番大きな影響は、そんな小さなことにこだわってどうするんだと思えるようになったこと。蓋が開いたままのボトルを見て、それを開けたままにしているのが自分だと気づき、笑いがこみあげてきました。

Column

東京－鹿児島の２拠点生活。
そして旅というふたりの時間

vol. 05

―― おふたりを知る人たちにとって、おふたりといえば鹿児島のイメージがあると思います。いつ頃から2拠点になったのでしょうか？

敬子「2007年くらいから鹿児島に毎年行くようになったよね」

仁「そう。初めて鹿児島に行ったのがその年でした。出会ったことのないタイプの人たちばかりが次々と現れて、すごく面白かったんです」

敬子「みんな親切だったしね。街のサイズもちょうど良くて」

仁「それまでは東京以外の場所へ遊びに行くことはあっても、長く滞在することはなかったんです。鹿児島が初めて。なんてお節介で親切でいい人たちなんだろうと思いました」

敬子「お節介だけどきちんと気を遣い合

うという距離感もちょうど良くて。それに意外と田舎じゃなくてシティなのよね。それもまた良いんですよね。こうして縁が繋がって長く住んでいく場所ってあるんだなぁといまでも驚いています」

仁「ぼくの母はひとりで北海道に住んでいたので、ぼくらが鎌倉に住んでいる頃に鎌倉に呼び寄せました。ぼくらが東京に戻っても、そのまま彼女はずっと鎌倉で暮らしていたんです。その後、鹿児島ならぼくらがしょっちゅう行くし、行くと少なくとも2週間は滞在しているからとじわじわ説得。鹿児島に部屋を借りて、そこに住んでもらいました」

敬子「鹿児島は暖かいから、気候的にも老後にいいだろうし」

仁「ひとり暮らしをすることがキツくなってきたタイミングで、鹿児島でいいケア

Column

ハウスに出会い、母はそこに住むことになりました。それまで借りていた部屋をどうしようか悩んだのですが、借りたままにして、ぼくたちの2拠点暮らしが始まったという感じです」

──2007年から徐々に段階を踏んで2拠点になっていったんですね。引っ越しが多かったというおふたりにとって、いまの東京の家での暮らしは、珍しく長いのでは?
敬子「たしかに。いまの家に住んでもう15年くらいになりますね」
仁「4年に1度くらいのペースで引っ越ししてきたぼくらにしては最長なんじゃないかな」
敬子「鹿児島の家があるとはいえ、こんなに長く同じ街にいるのは初めてよね」
仁「引っ越ししてないから、荷物が増え続けていて…。カミさんは思い切って捨てられる人なんだけど、ぼくは捨てるのが苦手だから引っ越しという区切りがないと増える一方で…」
敬子「私は愛用品の取材も多くて、出し入れしたり常に何かを探したりしているから片付くのかもしれないけど。それにしてもそろそろ引っ越しが必要なのかも!?」
仁「ぼくはもうこの場所には飽きているよ。というか、東京ではないところに住みたいと感じているから、いまの家も長くはな

vol. 05

いんじゃないかなと思っています」
敬子「引っ越しがない代わりに、私たちは本当によく移動していると思います」
仁「まさに! だから引っ越しを必要とせず15年も経ったのかもしれない。若い時はお互いがそれぞれの予定を立てて国内外を飛び回っていましたが、いまはぼくの取材出張の時には、スケジュールが合えば一緒に来てくださいとカミさんに言っています」
敬子「だから忙しいのよ（笑）。自分の仕事もあるから。行くと絶対に楽しいんだけど、スケジュールのやりくりは大変」
仁「歳をとって、前よりも、一緒にいる時間がたくさんあったらいいなぁと思うようになってきたんです。結婚して一緒に暮らしていても、一緒じゃない時間って実は多いものじゃないですか。それでも別に平気だったのですが、だんだんとカミさんが一緒にいないとなぁとぼくは思うようになって。一緒に行かない? 楽しい街らしいよ? と説得して、可能な時はついてきてもらうようになりました」
敬子「東京では意外と別々に行動しているから、旅先がふたりの時間。いまは時間ができると韓国に足繁く通っています」

——**今後はどんな風に暮らしていくかもうヴィジョンはありますか?**
仁「徐々に東京での生活を減らしていくつもりですし、そうしつつありますね」
敬子「東京には仕事に来るという生活ができたらいいなとは思っています。鹿児島の滞在時間が少しずつ長くなってきているのですが、それがとても心地いい。仕事と自分たちの心地よさのバランスをどうやってとっていくのか、ゆっくり考えているところです」

KEIKO'S PHOTO

LIFE IN KAGOSHIMA
鹿児島での暮らし

KEIKO'S PHOTO

「ひょんな縁からいつの間にか、第二の故郷となった鹿児島。
地図なしで歩ける場所は、東京以外では鹿児島だけ。
旅先ではないので、馴染みの場所へ足繁く通う日々です」

mix tape for man in café
by Hitoshi Okamoto

2023年11月、岡本敬子の還暦を祝って開催されたパーティ
「敬子、カンレキ！」で配られた岡本仁選曲のミックステープ。
A面はここ5年くらいの間によく聴いていた曲から、
B面は結婚前に敬子に贈ったミックステープを思い出しながら再セレクトしたそう。

side A

Khorom / Enji
Drume Negrita
/ Rita Payés & Elisabeth Roma
君の街 / 冬にわかれて
翼 / Choro Club
昼間から夜 / Mei Ehara
Y Qué Hay En Ti / Guyun Y Su Grupo
あなたがいるから / Cornelius

side B

Valse Ambassade / Carlos D'Alessio
Every Time We Say Goodbye / Simply Red
自転車でおいで / 矢野顕子＆佐野元春
Clair / Gilbert O'Sullivan
For Sentimental Reasons / Danny Kortchmar
Amore per Tutti / Nino Rota
Let's Call The Whole Thing Off / Fred Astaire
Oh! That Cello / Thomas Beckmann

おわりに

新幹線で鹿児島から東京に移動中にこの原稿を書いています。7時間弱かかる長い移動中は、ふたりだからといって時間を共有して過ごすこともなく、まるでひとりでいるかのように、それぞれ好きな時間の過ごし方をしています。会話をしなくてもお互い居心地がよく、同時にとても大事な時間です。

好きなものは全く違うし、理解できないこともあります。でも、そんなお互いの違和感をどう面白がるかで、いくらでも関係が変わっていくような気がします。

お互い60代と70代に入り、正直切なさを感じることの方が増えてきたけれど、焦らずゆっくりと楽しく笑って、少しでも長く一緒に過ごすことができたら幸いです。

最後にこの著書に関わっていただいた、カメラマンの平野太呂さん、カメラマンの馬場わかなさん、編集・ライターの柿本真希さん、グラフィックデザイナーの山野英之さん、編集を担当してくださった光文社の北川編子さん。ウィットに富んでいて信頼のおける最高のチームです。そして、今回快くご協力いただいたお店の皆様方にも感謝いたします。
ありがとうございました。

岡本敬子

COOPERATION SHOPLIST

HORAIYA Instagram@ho_raiya
COW BOOKS https://www.cowbooks.jp/
APOC http://www.sasser.ac/apoc/
ネパリコ https://www.nepalico.com/
ヒルサイドカフェ https://hillsideterrace.com/shops/565/
THINK OF THINGS https://think-of-things.com/
POETIC SCAPE https://www.poetic-scape.com/
コンカ Instagram@konka_sendagaya

COOPERATION

KANEMAN https://www.kaneman.co.jp
nanadecor https://www.nanadecor.com/

STAFF

ブックデザイン／ TAKAIYAMA inc.
撮影／平野太呂〈Chapter 1〉、馬場わかな〈Chapter 4〉、白倉利恵（光文社写真室）〈Chapter 2〉
構成＆ライティング／柿本真希 (Lita)
編集／北川編子（光文社）

わたし　　　　ぐ
私のふたり暮らし
2025 年 3 月 30 日　初版第 1 刷発行

著　者　おかもとけいこ
　　　　岡本敬子
発行者　三宅貴久
発行所　株式会社　光文社
　　　　〒 112-8011　東京都文京区音羽 1-16-6
　　　　電　話　編集部 03-5395-8172／書籍販売部 03-5395-8116／制作部 03-5395-8125
　　　　メール　non@kobunsha.com

　　　　落丁本・乱丁本は制作部へご連絡くだされば、お取り替えいたします。

組　版　萩原印刷
印刷所　萩原印刷
製本所　ナショナル製本

Ⓡ ＜日本複製権センター委託出版物＞
本書の無断複写複製（コピー）は著作権法上での例外を除き禁じられています。本書をコピーされる場合は、
そのつど事前に、日本複製権センター（☎ 03-6809-1281、e-mail:jrrc_info@jrrc.or.jp）の許諾を得てください。
本書の電子化は私的使用に限り、著作権法上認められています。
ただし代行業者等の第三者による電子データ化及び電子書籍化は、いかなる場合も認められておりません。

Ⓒ Keiko Okamoto 2025　Printed in Japan
ISBN 978-4-334-10599-0